Die Königin der Städte

Gedichte in Bildern

Bilder in Gedichten

Birgit Brade

Bibliografische Information der Deutschen Nationalbibliothek:
Die Deutsche Nationalbibliothek verzeichnet diese Publikation
in der Deutschen Nationalbibliografie; detaillierte
bibliografische Daten sind im Internet über http://dnb.dnb.de
abrufbar.

Herstellung und Verlag: BoD – Books on Demand,
Norderstedt

ISBN: 978-3-7526-1092-5

Gedichte in Bildern

Bilder in Gedichten

Die Königin der Städte

Sie ist die Königin der Städte,
ein jeder Zoll an ihr ist Majestät,
ihr Turban, leuchtend rote Falten
auf hoch erhobnem Haupte krönet sie;
der braunen Samthaut schmeichelt
ein gelber Seidenfluss, Gewand aus Gold.

An jeder Hand ein Königinnenkind:
die winzige Prinzessin und der stumme Prinz.

Zur Linken hebt die winzige Prinzessin
im Purpurmantel, dem die Knöpfe fehlen,
der so den Hunger zeigt an zarten Gliedern,
zum Gruß ihr königliches Händchen,
und wehe, niemand huldigt ihr!
Dann streift ihr wunder Blick den,
der ihn später niemals mehr vergessen kann.

Der stumme Prinz zur Rechten aber
trägt im Innenblick die siebte Kammer,
die er niemals uns betreten lässt;
nur ahnen dürfen wir ihr Grauen,
das ihn dereinst verstummen ließ,
weil dort die Stimmen lauter schreien,
als Prinzen es ertragen können;

weil dort die Schläge blutig,
die Luft zu dünn,
das Brot zu hart,
und keine Königinnenhand in Sicht.

So nimmt die Köngin der Städte,
die alle Kammern dieser Welt gesehen,
die winzige Prinzessin und den stummen Prinzen
ganz fest an ihre beiden Hände
und führt sie fort in eine andre, königliche Welt.

Rapunzel

In keiner Ecke stand ein Bett
an keiner Wand ein Fenster war
nur ich allein
und sie in meinem Kopf

Und wie sie kämpften, bissen, schlugen
an Haaren rissen, schrien
um mich
die ich kein Wort verstand
nur eins: wir sperr'n sie ein
dass keiner sie besitzen kann

Sie brachten Essen mir
und manchmal ein, zwei Worte, Sätze auch
die hallten lange nach

Dann plötzlich wusst ich sie
nicht mehr zu unterscheiden

so hatten beide doch
die Finger blutig sich gekämpft
die Haare dünn verfilzt inzwischen
die Stimmen rau, die Augen rot
vor Wut und Müdigkeit -
die gab mir meine Chance

Nein, glaubt nicht den Geschichten:
es gab nicht Prinz, nicht Zopf
es gab vor allem mich
die ich die Kräfte sammelte
die Alten sperrte in den Turm
und mich der Freiheit schenkte
und der Welt
und dann, ja dann
natürlich auch dem einen oder andren Prinzen...

Von Kindern und Ratten

Nun bin ich alt und will nichts mehr
und weiß von kaum etwas
dies Eine aber lässt mir keine Ruh -
das drängt sich nachts in meine Träume
wird bunt und laut wie nie ein Traum zuvor
und will erzählt sein
also lausche!

Es war im Sommer
viele Jahre ist's schon her -
und dennoch riech ich noch die Hitze auf den Wegen
weiß noch wie lang ein Spiel, wie laut ein Lachen war
und wie wir Kinder eines Tages spürten
es liegt ein Flirren in der Luft
das ist ganz anders als das Flirren letztes Jahr
Und dann ein Huschen, das war neu
ein Knistern und ein Knirschen und
da waren sie und fraßen sich
in uns're Stadt hinein, die Ratten

So ahnten wir
es wird kein Sommer wie zuvor

Das merkten dann nach einer Weile
auch die Großen
und taten, was die Großen immer tun
sie redeten, furchten die Stirnen
taten wichtig, taten schlau

brauchten lange
legten schließlich Gift
Als das nichts half
(man hörte hier und da ein Rattenlachen)
wurden die Stirnenfalten tiefer
sie sprachen länger, tranken noch dabei
und wussten doch am Ende auch nicht mehr

Und dann kam er
Ein Kind in Mann-Gestalt
ein Gaukler, Freund der Tiere
und der Kinder
Lächeln im Blick und glatte Stirn
Musik als Flöte im Gepäck
verzauberte er uns
danach die Großen, dann die Ratten
doch dauern sollte dieser Zauber nur bei uns

Der Rest ist leicht erzählt:
er wusste eine Melodie
die Ratten aus der Stadt zu locken und
für immer in die Welt zu schicken
Die Großen und der Gaukler kamen überein
dass wieviel-weiß-ich-nicht
Entlohnung er bekommen sollte für den Dienst
so führte er ihn aus

jedoch das Gold bekam er nicht
Nach Arbeit, so das Argument
sah diese Prozession der Ratten und des Fängers
doch nicht aus

Verschwand das Lächeln aus den Augen ihm
stahl eine Falte sich auf seine Stirn
pfiff schief und wütend seine Melodien er
Das konnten wir nicht lang ertragen
und boten ihm statt Gold und Geld
doch uns mit ihm zu nehmen, denn
dieser Ungerechten Kinder
wollten wir nicht länger sein

Er zögerte nicht lange
nahm uns schließlich mit bei Nacht
dass er uns lockte mit der Flöte
ist ein Gerücht – wir liebten ihn -
und blieben bei ihm bis er
nach und nach zuerst die Älteren von uns
zuletzt die Kleinen, in die Welt entließ

Da bin ich immer noch
doch nun, da die Geschichte ist erzählt
nun lass mich gehen

Pandora

Ich bin die Überbringerin
und das Gefäß
nun auch nach all den Jahren,
in denen niemand
nehmen wollte,
was mir einst aufgegeben war
der Welt zu geben.

In Licht und Schönheit
kleideten sie mich, die Götter;
Demut und Stille
gaben sie mir mit
und diese Büchse, deren Inhalt
selbst mir den Atem stocken ließ,
wenn meine Sinne ihn berührten.

Pandora heißt „Die Allbeschenkte",
doch jede Gabe ist ein Fluch,
der jene treffen soll, die arglos sind
und – schlimmer noch – bar jeder Schuld.
Schuld nämlich trifft nur ihren Schöpfer,
Prometheus, der den Göttern spottete und
obendrein des Himmels Feuer für die Menschen stahl.

So dass man mich erschuf,
Pandora, schöne Rächerin der Götter,
Soldatin für den großen Krieg,
die Menschheit zu bestrafen.

Nun war ein jeder zwar geblendet
von meiner Schönheit und dem Schein
der Reinheit, den man mir verlieh;

Und doch! Wenn einer mir von Angesicht
zu Angesicht genübertritt,
so kann ich meinen Argwohn nicht verbergen
und weniger noch meine Angst
die Überbringerin zu sein
von allen Übeln, die der Zorn
der Götter nur erfinden mag.

So zieht im letzten Augenblick
ein jeder seine Hand zurück
vor dem Geschenk der Götter
an die Menschen
und vor mir, die ich verdammt bin,
durch diese Welt
und unberührt von ihr zu wandern.

Geschaffen um zu geben,
sagten sie von Anbeginn,
doch dass sie Rache meinten,
war mir spät erst klar;
doch früh genug um einzuschließen
in mir das Gift;
und Hüterin zu sein für alle Zeiten,
ich, Pandora.

Rätsel

Sieben Schlüssel brauchst Du
den Weg zu finden
zu meiner Kammer hoch oben im Turm.

Der Erste, der Schwerste
führt Dich weit von Zuhaus
in das Land,
von dem niemand träumt
außer mir. Dort gehst Du umher.
Achte den Weg!
Und bring mir
Du-wirst-schon-sehen.

Vom Zweiten
trennt Dich der steinigste Weg
durchs Gebirge,
wo niemand Dich trifft
nur mein Schatten.
Der weist Dir den Weg nach
wohin-es-Dich trägt.

Den Dritten zu finden
ist leicht – doch nur
wenn Du Flügel besitzt
meinen gleich,
dann trägt Dich der Wind zu den Sternen,
die nur ich gesehen und dann Du

Vom Vierten
red ich im Flüsterton nur,
der hat einen kalten Geruch;
schmeckt nach Eisen und Staub
und friert Dir das Blut
in den Adern zu Eis – gib gut acht,
sperr ihn ein
bevor er Dich fängt.

Zum Fünften
wirst Du gerne gehen;
dort welken die Blumen
bevor sie erblühen zu Farben,
die hast Du schon immer erträumt,
koste sie,
doch Du darfst nicht verweilen;
nimm eine Blüte – die schönste
und geh.

Der Sechste
trägt ein Gewand von Purpur,
von Milch und Honig,
Licht und Musik,
birgt ein Rätsel,
das Du längst gelöst
und immer wieder vergisst.
Das darfst Du nicht greifen,
Das musst Du lassen,
damit es Dir folgt
auf dem Weg zu mir.

Dann der Siebte,
der ist mit dem Ersten verwandt,
doch viel stärker und dunkler
zieht mit Macht Dich hinab,
lockt Dich sanft, fast vertraut.
Wenn Du ihm widerstehst
und ihn dennoch begreifst,
bist Du schließlich bei mir.

Das Tier der Nacht

So schön Du bist bei Tag
und stark
und immer kurz vorm Sprung
Dein Atem süß und scharf zugleich
betäubt mich
dass ich folgen muss für immer

Zerreiß mein Kleid
ritz mir die Haut
zeig mir Dein wahres Angesicht
nimm mich jetzt mit
nicht erst bei Nacht
das halte ich nicht aus

Doch schnell und leicht
das bist Du nicht
tauchst gerne Dich und mich
in Ewigkeiten
die mit Ahnungen sich füllen
mit Blut und Pech und Eis

Du magst den Schweiß
Du magst die Angst
das Flackern in den Augen auch
den kurzen Augenblick der Stille
vor der Verwandlung
vor der Explosion

Wenn Deine Stimme mir den Kopf zerbrüllt
ganz ohne Wort und Sinn

Wenn Deine Haut sich dehnt und härtet
sich bläht und Platz schafft
für das Ungeheuer
dann kenn ich Dich
und lieb Dich fast
weil Du mich töten kannst

Das Tier der Nacht trifft meines nie
trinkt nur von meinem Blut

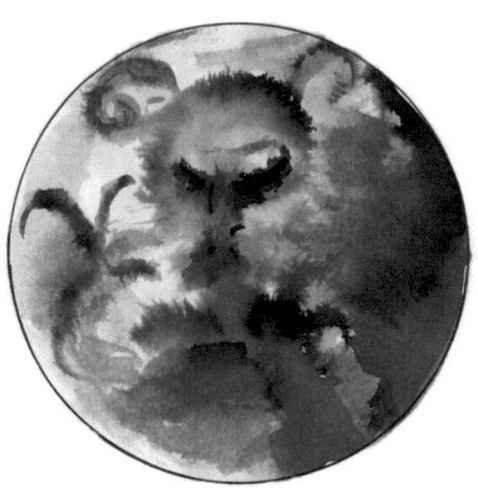

N

N

will geliebt werden
auch im Dunkeln

N

will dass Du im Bett keine Socken trägst
und mich anlächelst
jedes Mal wenn ich schaue

N

trägt Nadelstreifen nur im Kopf
und isst mit Messer und Gabel zumeist
aber niemals Menschenfleisch

N

geht halbjährlich zum Friseur
und wechselt die Wäsche zu jeder Saison

N

hat ein Loch im Kopf
trägt darüber einen Hut
und darunter nichts

Ein ganz schlechter Tag

Wachgelegen
die Schuhe durchnässt
das Haus nicht gefunden
der Kopf schmerzt unerhört
das Handy liegt ichweißnichtwo
das Kind zum Abschied nicht geküsst
was, wenn die Welt jetzt gleich unwiderruflich…

Ein guter Tag

Getanzt.
Geküsst, nicht einmal, nein dreimal,
auch dich.
Gesehen und das gemalt,
das Innen im Außen und umgekehrt.
Geschmeckt.
Und gesungen, ein neues Lied,
ganz laut und frei.

ETWAS VON DIR UND ETWAS VON MIR

Etwas von Dir
und etwas von mir
trifft sich
und fängt an zu blühen.
Das raubt mir den Atem.

Mein Geliebter

hat Augen so braun
wie
so schön wie
die Sonne sich darin spiegelt
und auch der Regen

Der Klang
seiner Stimme
den ich liebe
der Wörter aus seinem Mund
den nach Jahren auch ich
wie den Schwung seiner Lippen
die so weich auch küssen
und hart entdeckt hab
schon einmal vor Zeiten
wie müde so oft
in den Schatten der Augen
und der Gestalt
die ich liebe
weil ich immer geschaut
und manchmal erkannt
was sich birgt
und sich zeigt
sich mir zeigt
mein Geliebter

Mein wunderlicher Geliebter

kann eine Tüte Erdnüsse essen

eine Woche nicht an mich denken

vier Stunden hintereinander Klavier spielen

drei Tage nicht rauchen

zwei Wochen keine Pizza essen

elf fünfzig-Meter-Bahnen schwimmen (drei davon rückwärts)

das Telefonklingeln ignorieren

wenn ich da bin

und so dies und das

von dem ich hier nicht rede

Tontechniker

Der Ton meines Geliebten
klingt in mir nach
seine Technik ist
keine zu haben

Quinte

Das schönste Wort am Dienstag war
- ich muss mal überlegen -
Quinte
Von hier - das ist jetzt Mittwoch -
schmeckt es aprikosig-süß
doch gestern überwog die Berg- und Talfahrt
über Wellen, über Teilchen
salzig war das Wasser und rasant der Flug
der Finger über Tasten, Töne,
über mich.

Das ist gut gegen den Tod
Geliebter
liebe mich
an einem Dienstag
wird der Tod es niemals wagen
Da sind wir zu zweit

WASSERPRINZ

I

Fließt Wasser herab an Deinen Gliedern
färbt deine Augen so blau wie
das Meer
das mich umspült
wenn ich an Dich denke
das Meer
das manchmal beißt
und manchmal schmeichelt
manchmal prickelt
manchmal kühlt

II

Deine Burg unter Wasser ist gut zu erreichen,
am Eingang musste ich lange warten,
hab die Zeit mir vertrieben mit Gedanken an Dich
und den Tod.
So jung bist Du noch! Entschlüpfte mir dann,
als Du schließlich die Türe öffnetest.
Da hast Du Dein Lächeln gelächelt,
das Alter und Jugend
und Leben und Tod den Wellen schenkt,
wo sie hingehören.
Hast Dein Mahl geteilt mit mir,
hab in Deinen Augen das Meer gesehen,
es gewagt, Deine Haut zu berühren,
die kühl war und glatt vom Leben in der See.
Bleib noch ein Weilchen! hast Du gewünscht,
als die Luft mir schon ausging,
da musste ich fort...
Komm bald wieder! rief ich und Du.

III

Der Wasserprinz macht Halt in der Stadt
der Steine und der Menschen
der Farben und der alten
und der neuen Zeit

Dort seh ich
schau ich in meine Kugel aus Kristall -
die hellen Haare mit den algengrünen Spitzen
die wasserblauen Augen weit auch
die Muschelohren offen für
die Töne dieser Stadt.

IV

Im Spiegel trägt der Prinz meine Krone
und hat sich mein Lachen geborgt
das werfen wir hin und her
wenn es müde ist
legen auch wir uns unter die Sternendecke
und wärmen einander uns
bis er mich nicht mehr loslässt
dann gehe ich selbst
fege die Scherben zusammen
lege sie ins Feuer
das brennt noch
wenn ich wiederkehr

Weil wir Kinder sind

Komm mit, sagt er, und sie ziert sich ein wenig,
diese Reise hat sie noch nie gewagt.
Schenkt er ihr eine Feder,
schenkt er ihr ein Lied,
schenkt sich selber ihr,
blinzelt nicht dabei.

Und sie packt in den Koffer die Flöte, den Kamm,
ein paar Kleider zum Wechseln,
das Band für ihr Haar,
und fliegt los zu ihm,
der gewartet hat,
spürt das Steinchen nicht einmal im Schuh.

Ihre Hand nun in seiner
drehn sie sich dreimal
wählen den Weg,
den rechten,
ziehn los;
sind unterwegs drei Tage? drei Jahre?
Wer zählt hier noch?
Nicht die Zeit;
die träumt den großen Traum.
Und der Schmerz im Fuß ist ganz klein.

Kommt ein Land aus Feuer, das nichts verbrennt,
kommt ein Staunen, die Freude, die Kraft und die Lust.
Kommt ein Wir und bleibt,
mal wächst es, mal schrumpft es,
aber tanzen will es jeden Tag.
Dann ein Stolpern, ein Schmerz, ein Halten, vorbei -
der Stein fliegt dem Schmerz hinterher,
und ist fort.

Tango

Die Spülmaschine singt ein Lied
die Katze hat schon wieder meinen Platz belegt
der Abend übergibt der Nacht
Ich lausche
Die Melodie ist vage mir vertraut
die haben wir doch – weißt du noch -
das war auf diesem Platz in Frankreich
am Ende eines Sommers
als die Schatten Tango tanzten
wir dann auch
wir auch

Meister der Stürme

Ein Blick von dir
in mich
Und die Luft um uns herum
Zieht sich zusammen
Braut einen Wind
Der uns fliegen und fallen lässt

Sturmbezwingerin

Hab die Hände gehoben
Hat der Sturm sich beruhigt
Oder steh ich nun im Auge des Sturms
Eine Geste, ein Schritt
Zu weit und schon
Reißt es mich wieder mit
So verharre ich still

Sturmbezwingerin

Gebiete dem Sturm
                    Heb die Hände

Die Kraft strömt
                    Das Brausen hört auf

Im Auge des Sturms

Das Brausen
hört auf
                    Die Augen geöffnet

Schon bin ich
Im Auge des Sturms

Der Sturm

hat sich gelegt
ich habe die Dinge wieder an ihren Platz gelegt
und doch

Der Sturm

hat sich nicht gelegt
immer wieder rücke ich die Dinge an ihren Platz
immer wieder wirbelt der Sturm sie durcheinander

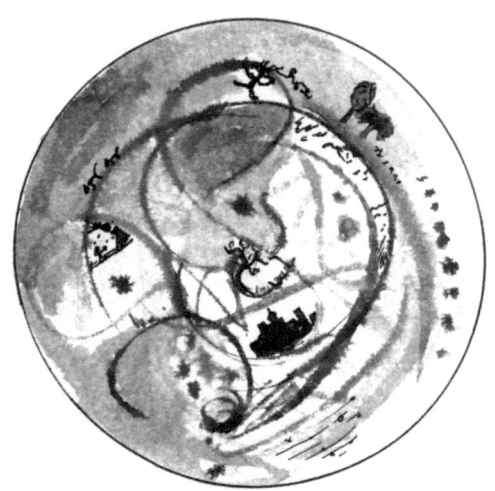

Vorbei

Du hast versucht
mich im Sturm zu erobern
ich stand und staunte
und ließ mir den Wind durch die Haare fahren
das kitzelte schön und aus meinen Haaren
fiel und flog so allerlei
bunte Steine Papier und der Sand vom Meer
Babyschuhe zwei Tränen und Blut
blaue Perlen ein Stern Tinte – mehr als genug
ein halbes Lied ein Bild von dir
und All undund und und
also steh ich da und staune und der Wind hört nicht auf
und die Dinge um mich herum
bauen Städte und Bilder Geschichten ein Leben
- das schauen wir uns an -
schon vorbei

Du gehst hinein
Die Tür schlägt zu
Dein Herz zu schnell
doch niemand Dich

Im Gegenteil

Der Sturm beruhigt sich
Dein Herzschlag auch
die warme Hand in Deiner Dich

Das Universum expandiert und treibt uns
unaufhaltsam voneinander fort – schon
seh ich kaum noch deinen Umriss -
schon wärmt die Sonne
die einst uns're war
mich kaum
Ich wink dir zu
ein letztes Mal...

Die Zeit war niemals das
was wir ihr beigemessen haben
Wenn dereinst der Strom der Kräfte sich verkehrt
das Universum also kontrahiert, werden wir kurz
ein allerletztes Mal verschmelzen
Muss das sein?

Trotzdem

Manchmal wenn Du in mir
verlauf ich mich in
bist Du dann bei mir oder
meinem Kopf da
Dir will ich meistens trauen
sind die Mauern hoch
trau ich mich manchmal
und kalt da
nicht weil Du
kannst Du mich nicht finden
ein anderer scheinst
such mich
zu sein
trotzdem

Was immer es ist

was immer es ist
es ist aufgewacht
und sieht dich mit hungrigen Augen an

das Fell zerzaust
der Blick halb im Traum
der Gang wie auf Eis

riechst du die Angst
spürst du den Wunsch
weißt du die Laute zu deuten

gib ihm zu essen
streich übers Fell
wärm dich an ihm und es an dir
dann lass es ziehn

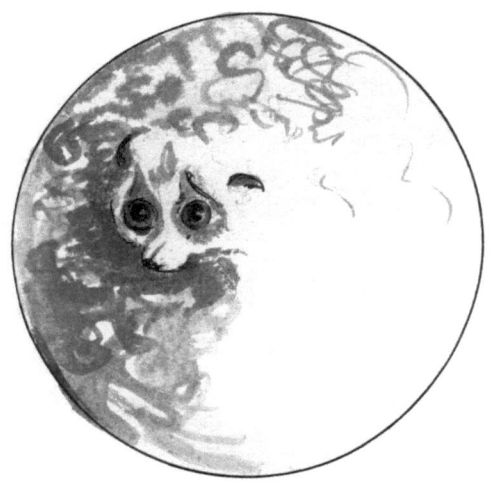

Remnant

Noch immer trägst du den Schafspelz
gerne
darunter
zeigt sich verstohlen
schon hier und da
das Fell des Wolfes
glänzend und schön

Königinnen des Konjunktivs

Du wärst also die Prinzessin,
ich, ich wär der Prinz, okay.
Du gingst über diese Brücke,
wo ich dich dann plötzlich säh.

Was du erst nicht wüsstest,
ist, dass man mich einst verzaubert hätte;
nur wenn du mich einmal küsstest,
könnt der Bann gebrochen sein

Ach, fast hätte ich's vergessen:
uns're Eltern wären tot
oder eigentlich verzaubert
von dem bösen Zauberer Lot.

Was? Du willst den Zauberer spielen,
der nicht böse, sondern gut,
und ich wär die freche Elfe,
stiebitzte dir den Zauberhut?

Nein, dann spiel ich nicht mehr mit,
lade dich auch nicht mehr ein,
außer – und das gilt nur heute,
ich darf doch Prinzessin sein!

Laune

Laune hat sich eine Höhle gebaut
aus Musik und Wütend-sein
weil keiner weiß
an welcher Stelle sie gekrault werden will
und wenn man es verrät
ist es nicht mehr halb so schön

Jeden Morgen einen anderen

Das war die Zeit,
als meine Tochter noch jeden Morgen ein Felltierchen war.
Ein Kätzchen zumeist, so klein,
dass es in meiner hohlen Hand Platz fand.
Lag unter meinem Bett und maunzte;
wollte gefunden und getröstet werden,
weil es aus der Kälte kam,
wo es seine Eltern verloren hatte.
Also bot ich ihm Unterschlupf unter meiner Bettdecke,
wärmte es, gab ihm einen Namen,
jeden Morgen einen anderen.

Mein Kind

meine schöne Tochter
saugt mir die Farbe aus dem Haar
und den auch noch roten Lippen
trinkt den letzten Schluck Wasser gierig und
isst das letzte Stück Brot allein.
Dann schau ich ihr in die Wasseraugen
mit denen sie alles schon gesehen
in denen sie die Sonne gesammelt hat und das Meer;
das Meer in ihren Augen
mit all seinem Blau
all seinem Grün und Grau

Erzähl mir die Geschichte,
bettelt meine satte hungrige Tochter
liest mir von den Lippen
und lässt sie nicht los
bis jedes Wort daraus entschlüpft und die Geschichte
zuende erzählt ist.

AUF UND AB

Mal ein Bild vom Auf und Ab des Lebens
Schrei in die Welt

Wir schauen nicht an Wir gehen nicht einmal vorbei
Versprich mir einen Rosengarten
Das bin ich
mit Dir und ohne Dich
Meinte ich Dich
zerriss ich das Bild von Dir
Mal mir ein Bild von mir
das schenk ich Dir dann

Das bin ich in meinem Rosengarten
ohne Auf und Ab
Meine ich das
Bleib
Geh

Eine sagt
es bleibt
ein Rest
hab keine
Angst
hab ich für zehn
tausend wär durchaus
noch
möglich könnte
alles sein
alles keine
Ahnungen hab ich
nicht genug
zur Zuversicht
gehört doch mehr

Mein altes Kleid

Als du mich kanntest in der Zeit davor,
der Zeit der weichen Linien und der Düfte,
war es so neu,
dass ich kaum wagte mich darin zu drehen
vor deinen Augen - nur im Kerzenlicht,
wenn warmer Schein es leuchten ließ.

Wer wusste damals etwas über Schönheit?
Ich wusste nur von Nebelschleiern und dem Wunsch danach,
in ihnen zu versinken,
die Narben zu bedecken, die mich trennten vom Genuss.

Du wusstest damals schon vor allem von den Wünschen,
die gold'ne Flügel malen sollten auf mein Kleid.
So trafen wir uns immer mal dazwischen.
Dann nicht mehr.

Nun hängt mein altes Kleid im Schrank ganz hinten;
Du gäbst was drum, mich noch einmal darin zu sehen;
doch was weißt du schon von der Schlange Zeit,
die sich hineingefressen hat,
und ihre Spuren deutlich hinterließ,
so dass es meine Blöße kaum bedeckte
und Flügel hielten sicher nicht daran.

Ani

Ani schenkt Mors ihre Kleider,
die hat sie im Laufe des Tages
für ihn gewebt.
Am Morgen wählt sie die Farben aus,
Morgenfarben der Welt, Anis Welt;
spinnt das Garn, freut sich dran,
webt das Muster um Mittag herum,
schneidet aus, näht die Kleider
und trägt sie für sich
und für Mors – der schaut ihr immer zu.

Gegen Abend zeigt er sich gerne mehrmals,
schmeichelt ihr, macht ihr angst,
greift fast bittend nach ihrer Hand,
dass ihr kalt wird beim ersten,
doch kaum noch beim zweiten Mal.
Von nun an schaut Ani gut zu, wenn er kommt,
macht ihn sich vertraut und sich ihm,
lernt ihn schätzen, ihm trauen,
schenkt ihm zärtlich den bunten Schal und mehr
bis die Nacht kommt und keiner mehr bleibt.

Mors

Mors kommt zur Tür herein
schattenvoraus
schwärzt die Luft
verdichtet das Rauschen um mich
bläst mir seinen Atem
in alle Glieder
und hüllt mich ein

Hier bin ich
es gibt mich
und eines Tages
nehm ich dich mit
sagt Mors

Mors hat ein Paket geschickt
einen Brief dazugelegt

lies ihn vorm Spiegel
er schaut dich an
mit den Augen des Vaters

redet von einem Gefängnis
das dir Geschenk immer war und sein wird
wenn du weiterliest ohne Angst

pack es langsam aus
Schickt für Schicht denn
solange
es deine Sinne erspüren
bleibt die Uhr in dir ohne Gewicht

Licht und Wind

Lebenszeit ist
was ich in den Händen halte
ein Nichts aus Licht und Wind

In Ruhe und in Schönheit
doch vor allem ganz allein
durch dieses Tor gehst du allein

Den Koffer haben wir gepackt für dich
da war kein Wort zuviel
kein Wort zuwenig
Die Geste auch des Abschieds nimm sie mit
du brauchst sie mehr als wir

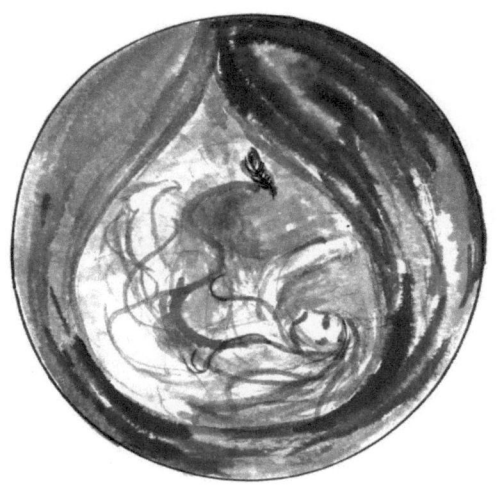

Ein kleiner Hund drei Katzen und ein Schmetterling
erwarten dich begleiten dich
und fliegen mit dir
durch das Licht
Versprochen

Inhalt:

Die Autorin

ist Dichterin und Bilderschaffende,
Tänzerin und Musikerin auch,
ganz dem Rhythmus verschrieben,
dem Rhythmus der Sprache, der Bilder, der Musik.